peter wißmann

mit den wolken gehn

haiku & verwandtes & 16 wolkenbilder

www.tredition.de

Autor: Peter Wißmann
Fotos, Cover und Lektorat: Peter Wißmann
Autorenfoto: Jennifer Papst

Verlag: Tradition GmbH
ISBN: 978-3-7323-3023-2 (Hardcover)
978-3-7323-3022-5 (Paperback)
978-3-7323-3024-9 (e-book)

Printed in Germany

Bibliografische Information der deutschen Nationalbibliothek:
Die deutsche Nationalbibliothek verzeichnet diese Publikation in
der deutschen Nationalbibliografie; detaillierte bibliografische Da-
ten sind im Internet über http://dnb.d-nb.de abrufbar.

www.tredition.de

für meine eltern

heinz & margret

Inhaltsverzeichnis

Anhang

vorwort

haiku. eine kurze und jahrhundertalte lyrische form. eine tra-
ditionsreiche. einerseits. andererseits: eine sich immer weiter
entwickelnde und immer wieder überraschende lyrikform.
haiku. ein weg, sich in der welt zu bewegen. die welt zu er-
fahren. in den kleinen und doch so großen momenten. den
haikumomenten! die sekunden, in denen die morgensonne
die dunkle landschaftsgrafik an der wand zärtlich streift. und
zum leben erweckt. der moment, in dem die wolken zur seite
treten und den blick frei geben. auf den mächtigen winter-
mond. der gang durch den schlaftrunkenen berliner kiez. wo
sich ein junges Paar vor dem kebap-stand küsst. die stille im
kreuzgang des klosters. und das gefühl, für einen moment
außerirdisch zu sein. was zählt im leben? mit sicherheit diese
momente. ich halte sie in haiku fest. wohlwissend, dass man
nichts wirklich festhalten kann.
haiku bedeutet für mich gehen. im gehen erlebe ich hai-
kumomente. im gehen entstehen haiku. manchmal auch im
stillen sitzen und beobachten. oder im fahren und fliegen.
doch meistens im gehen. gehen ist leben. gehen bedeutet
durch die jahreszeiten zu gehen. winter, frühjahr, sommer,

herbst und wieder winter. mit den wolken gehen. denen des winters, des frühjahrs, des sommers, des herbstes und wieder denen des winters. wolken sind flüchtig. wie alles. mit den wolken ist auch er gegangen: joe. in eine andere welt. zeit des abschieds.

durch die natur gehen. durch wälder und durch wiesen. an flüssen entlang und die berge hinauf. durch städte gehen. durch straßen und durch einkaufsmeilen. durch wohnsiedlungen und durch parks. aber gehen. mit musik gehen. musik im kopf oder musik aus dem i-pod. bach im verschneiten wald. beethoven über frühlingsfeldern. rihm bei der einfahrt in brodelnde bahnhöfe. john lee hooker in der herbstlichen stadt. und bruckner hoch oben auf dem berggipfel. spirituelle momente. haikumomente. und dann der mond. seine ruhe. seine kraft. immer wieder lädt er zum innehalten ein. zum staunen. und zur zwiesprache.

meine eltern verbindet mit haiku nicht viel. einerseits. andererseits: ohne sie gäbe es weder mich noch meine haiku. dieses buch ist ein dank an sie. ihnen ist ein eigenes kapitel darin gewidmet. **peter wißmann**

durch frühling und sommer

abendstille

eine fledermaus fliegt

im garten zickzack

regentage

das gurgeln und brausen

im wald

balkonnacht im kiez

der hibiskus duftet

dem mond entgegen

zugfahrt

im schlepptau

die abendsonne

abendhimmel

eine schwalbe setzt sich

vom schwarm ab

sommerabend
im garten des neuen nachbarn
spielt jemand flöte

altes landhaus
in die stille des zimmers
surrt eine fliege

heißer sommertag

auf meinem laptop

paaren sich fliegen

schwarzwaldhaus

in der nacht

der duft der petunien

bergwanderung

mein schatten durchmisst

schlaftrunkne wiesen

sonnenaufgang
stromdrähte glühn
ins tal hinab

abendhimmel
fast hätte das flugzeug
den mond gerammt

sonniger morgen

mein schatten zieht mich

den berg hinauf

efeurascheln

im sommerwind

die wespe flieht zu mir ins haus

abendsonne

im bus entflammt

ein greisengesicht

frühlingseinbruch

die greisin an der u-bahn

versinkt im pelz

spätnachmittags
dann der flow
frühlingswanderung

der abend dämmert

stimmen laufen

den berg hinauf

märzmorgen

noch einmal spielt der wald

herbst

ein bäumchen nur

blüht im weißen kahlen wald

ein bäumchen nur

auch die krüppelkirsche

trägt an diesem morgen

zwei, drei blüten

ostermorgen im dorf

zwei hähne führen

im garten krieg

frühlingssound im discounter

das rotkehlchen

sucht den ausgang

one of these days

das spiel der morgensonne

auf dem notenblatt

albsommertag

schafe blöken

der dämmrung entgegen

nach dem hitzetag

fliegen auch die fliegen

wie immer

sommermorgen im park
die frau mit den krücken
wirft schatten

abenddämmerung
der güterzug fischt
letzte sonne ab

landstraße

im windschatten des lkw

tanzen gräser

morgennebel

aus uferwiesen

steigen spatzengeschwader auf

augustwanderung

auf der alb bläst oktoberwind

unters hemd

der mond

zum vollmond hin

entlass ich die mücke

ins freie

wolken treten zur Seite

in vollem glanz

der wintermond

der mond

trägt karos

hinterm fliegengitter

den wein fast verschüttet

überm dach des nachbarn

der vollmond

voller mond

ist's eine katze

auf dem garagendach?

auch heut schau ich

dem mond im garten

beim wachsen zu

und wieder

der vollmond gebiert

ein haiku

den halbmond schaun

auf dem nachbarbalkon

zigarettenglühn

vollmond

eine krähe

stürzt sich vom dach

wintermond

im schulhaus

spielt jemand trompete

raunacht

der mond

stellt mir fragen

die eltern

klarer herbstsee
wie es den eltern
wohl gehen mag?

diamanthochzeit

in mutters kopf

tag um tag generalprobe

besuch zuhaus

die eltern sprechen

über gestorbne freunde

der zug fährt an

zurück auf dem bahnsteig

bleibt vaters weißschopf

schwarzwaldwanderung

mit dem stock posieren

wie einst die eltern

mit den eltern

über das später reden

danach den mond schaun

dichter die einschläge

mutter meldet

den tod des onkels

stolz in der stimme

niemand wollt mutter

die achtzig glauben

besuch bei den eltern

das familienfoto

hat mich im blick

musik und klang

zugfahrt

in mahlers andante

bohrt sich die stimme des schaffners

die orgel

flutet das münster

blicke schwimmen gen himmel

jesus schläft

was soll ich machen?

im wald schweigen

moanin' the blues

mit john lee hooker

durchs herbstlaub stapfen

johnleehookertanedasantoka

schrittundschrittundschrittundschritt

uraufführung

in der staatsoper

gehn einige früher

verschneiter wald

an der tiefsten stelle

schaltet mahler auf marsch

im ipod knarzt lachenmann

auf dem strom gibt die sonne

das rheingold

frankfurt hbf

im kopfhörer

jagt rihm die formen

jauchzet, frohlocket...!

in der schale des bettlers

am ausgang spielt wind

regionalbahn

mozarts klarinette

schlängelt dem bach nach

weihnachtsoratorium

im kopf

kino aus kobane

john cage konzert

das fragezeichen

in den augen der frau

zugfahrt steiermark

im ipod türmt mahler

gebirge auf

auf dem berg dann

bruckners siebte

diese sache mit gott…

joe

(20. Mai 1944 – 22.Dezember 2014)

with a little help from my friends

cockers röhren

und meine tränen

joe cocker siebzig
ich schließe den laptop
und hol mir ein bier

cry me a river
auf der mad dogs ranch
bleibt ein stuhl leer

joe cocker ging leise

der schrei von woodstock

hallt nach

silvester zweivierzehn

diese rakete

zu joe in den himmel

im herbst und im winter

hokkaidolust

am gemüsestand

das licht des frühen morgens

noch jung

doch aus allen poren dampfend

der herbst

ampel im herbstdunst

der blues in mir

auf repeat

vor dem juweliershop
das glitzern von frost
auf mülltonnen

morgendämmerung
aus kahlen platanen
drohen krähen

abendnebel

rotes ampellicht

verliert die form

weihnachtsbaum
die ganze kindheit
in diesem licht

weihnachtsmorgenrunde
der blick in fremde stuben

winterwind

in der luft steht ein vogel

und mülltonnen rollen

warmer wintertag

durch den dunst überm rhein

ziehen gänse

winterwald
zwischen den bäumen
erstarrt der nebel

nach dem pusten
steigt kerzenrauch
zu schneeflocken auf

nebelwelt

über den feldern plant die sonne

den durchbruch

in der stube

zaubert herbstsonne

lichterkino auf die wand

nebelsee

im glockenklang von nirgendwo

eine krähe

bunte windräder

drehn sich im wintersturm

kinderfriedhof

kahler wald

nach der stille der schuss

und die stille

altweibersommer

vor dem fenster

erröten blätter

strahlender herbsttag

vor der eisdiele

küssen sich zwei

herbstwanderung
im wald wird die bank
zum wald

an der kreuzung
plötzlich herbst
autos wirbeln blätter auf

waldnebel

wildtauben steigen

wirbelnden blättern entgegen

herbstsonne

auf der wiese überholt mich

der schatten des blatts

novembermorgen

das handy

macht auf frühlingsamsel

auf offenem feld

trifft mich das blatt

die wucht des herbstes

kalter morgen

das baugerüst viertelt

den sonnenball

winterlandschaft

als postkarte

würd niemand ihr glauben

morgendämmer

müllabfuhr und wind

streiten sich ums laub

herbstregen

im gartenbrunnen badet

eine amsel

zarter winterhauch

vater und sohn

versuchen einen schneemann

christbaumentsorgung

der grübelnde blick

des mädchens

schneeregen

mein niesen

schwingt in der standuhr nach

im garten tschilpen

als wärs frühling

i'm dreaming of a white christmas

septembersonne

eine wespe

landet auf dem rücken

zur lichtung hinaus

auf dem schnee gesellt sich

mein schatten zu mir

morgenrunde

die sonne brennt meinen schatten

auf frostiges laub

winterwanderung
meine gedanken
werden weiß

noch mehr leben

aufs grab hinab

hüpfen von zweig zu zweig

regentropfen

haikudiskussion

aus dem garten mischt sich

eine amsel ein

rheinbrücken köln

vorhängeschlösser

bekräftigen träume

im zugabteil

das stimmengewirr

der taubstummen

schattenbilder

an bahnhofswänden

meines trinkt coffee to go

unwetter

selbst der regen flüchtet

in den ubahnschacht

provinzstadt

aus verfallnen Häusern

wachsen bäume zum himmel

großelterngrab

neben meinen rosen

verwelkte plastikblumen

grübelnd im bett

das warten

auf den ersten vogelruf

kiezmorgen

der kuss des paars

vor dem kebapstand

millionen jahre tief

in der tropfsteinhöhle

kein handyempfang

morgenwald

aus dem unterholz brechen

leuchtfarbne jogger

open air musical

ein mann fegt wasser

von der bühne

akw grohnde

am horizont fächeln

windräder die luft

weserfähre

an der reling hat die spinne

ihr netz geworfen

lachen verliert sich

zwischen betonstelen

holocaustdenkmal

bergesstille

das funkeln des gewehrlaufs

in der sonne

morgenwald

die sonne leuchtet

regentropfen aus

nieselregen

die nonne quert die fahrbahn

bei rot

es regnet

und regnet

in mein lauschen hinein

die sonnenbrille der frau

in ihr die fülle der landschaft

bahnsteig sechs

hartschalenkoffer dröhnen

dem ausgang entgegen

morgens im stadtpark

das lächeln der joggerin

kommt mit ins büro

blaulichtfahrt

im rettungswagen

gähnt ein sanitäter

sonne über der weser

eine möwe durchfliegt

den krähenschwarm

in den regen hinein

der zug nimmt fahrt auf

in den regen hinein

auf seinem weg zum himmel

durchstößt der baum

die morsche bank

‚doch wenn man schon alt ist‘

die frau beim arzt

senkt die stimme

münster esslingen

der gekreuzigte

wirft schatten

am friedhofseingang

das mädchen mit dem handy

schlägt die zeit tot

in der ubahn

der türkische mann

lässt die maschen fallen

sonntagsfrüh

durch verlassne straßen fahrn

im pflegeheim brennt licht

im friedwald

die trauergemeinde

wartet auf den förster

wanderpause

das gluckern des bachs

und der wasserflasche

morgenhimmel

ein kondensstreifen

unterfliegt den halbmond

fußbodenlandschaft

eine mücke im tiefflug

zieht schattenfurchen

halbvoller einkaufskorb

die nachbarin

trägt schwarz

auf der dorfkirche

bespricht sich die krähe

mit dem wetterhahn

römerkastell xanten

aus dem amphietheater

schallt kinderstreit

industriepark

im klärbecken

treibt eine gänsefeder

vater rhein

den stein von seinem ufer

nehm ich mit

rheinwacht götterswickerhamm

frachtkähne beladen

mit nordseewind

nach dem fest

im wohnzimmer

dröhnendes schweigen

vor der dorfkate

überm elektrozaun

hängt ein toter hase

wind überm rhein

auf dem frachtkahn

läuft ein mann auf und ab

am ende des tags

wird der rabe auf dem dachfirst

zum himmel

fliegende bäume

grad wollt ich dichten

da wachte ich auf

weiterbildungskurs
in der stimme der frau
die ängste der schulzeit

der blick gebannt
die winzge lücke
zwischen den zähnen der frau

gewitter

eine spinne fällt

aus der nacht heraus

familienfeier

vom partyzelt tropft regen

in alte wunden

auf der fensterscheibe

eine fliege

bedroht von wolkentürmen

allein im kreuzgang

für eine moment

außerirdisch sein

rheinfall schaffhausen

die bleiche japanerin

filmt die gischt

otto dix haus

im wohnzimmer

einem andren leben nachspürn

dämmerfahrt

der greis auf dem bootsdeck

murmelt in den wind

bahnhofshotel

das pulsieren der stadt

sickert in den schlaf

stein am rhein

im kamerafeuer der touristen

stirbt der morgen

stadtpark

vom maul des bronzepferds

tropft regen

auf dem berg den hut absetzen

nun trägt mein kopf

den himmel

s-bahn neukölln

der mann mit dem bier

spricht mit dem morgen

gottesdienstende

die konfirmanden

zücken ihre handys

grüner see

zwischen den bergen

spiegelt er ihr schweigen

notarzteinsatz

die zugfahrt

endet im nebel

wildwuchsstreifen

nach dem wühlen der bagger

mein blick ohne halt

sturm kommt auf

eine katze jagt fauchend

über die straße

kobane

den schalter für tv

und gedanken suchen

wasserfall

über die gischt setzt die wolke

ein ausrufezeichen

busstation

über kichernden mädchen

dösen fette spinnen

münsterfenster

beim abgang kassiert die sonne

das farbspiel ein

regenwolkenwand

im bushäuschen

die fliege und ich

kleine hilfen zu den kapiteln
musik und klang und *joe*

ludwig van beethoven

1770 – 1827, deutscher komponist

anton bruckner

1824 – 1896, österreichischer komponist

john cage

1912- 1992, amerikanischer komponist

joe cocker

1944 – 2014, britischer rock- und soulsänger

john lee hooker

1917 – 2011, amerikanischer bluesmusiker

helmut lachenmann

geb. 1935, deutscher komponist

mad dogs ranch

bis zu dessen tod der wohnsitz von joe und pam

cocker in colorado

gustav mahler

1860 – 1911, österreichischer komponist

wolfgang rihm

geb. 1952, deutscher komponist

taneda santōka

1882 – 1940, japanischer haijin (haiku-poet)

der autor

seit vielen jahren haiku schreibend

mitglied der deutschen haikugesellschaft (dhg)

regelmäßige veröffentlichungen in zeitschriften, auf

haiku-webseiten, in büchern

peter.wissmann@gmx.de

http://www.d-h-g.org/mitgliederseiten/alle-seiten/peter-wismann/

ebenfalls vom autor

im scheinwerferlicht taumeln blätter -

haiku und kurzlyrik

2013, windsor-verlag , 9.99€

ISBN 978-1-627840-41-5

http://shop.windsor-verlag.com/shop/im-scheinwerferlicht-taumeln-blaetter-peter-wissmann/

wichtige adressen

deutsche haikugesellschaft

http://www.d-h-g.org/

haiku heute

http://www.haiku-heute.de/

Über tredition

EIN EIGENES BUCH VERÖFFENTLICHEN

tredition wurde 2006 in Hamburg gegründet. Seitdem hat tredition mehrere tausend Buchtitel veröffentlicht. Autoren veröffentlichen in wenigen leichten Schritten gedruckte Bücher, e-Books und audio-Books. tredition hat das Ziel, die beste und fairste Veröffentlichungsmöglichkeit für Autoren zu bieten.

tredition wurde mit der Erkenntnis gegründet, dass nur etwa jedes 200. bei Verlagen eingereichte Manuskript veröffentlicht wird. Dabei hat jedes Buch seinen Markt, also seine Leser. tredition sorgt dafür, dass für jedes Buch die Leserschaft auch erreicht wird.

Im einzigartigen Literatur-Netzwerk von tredition bieten zahlreiche Literatur-Partner (das sind Lektoren, Übersetzer, Hörbuchsprecher und Illustratoren) ihre Dienstleistung an, um Manuskripte zu verbessern oder die Vielfalt zu erhöhen. Autoren vereinbaren direkt mit den Literatur-Partnern die Konditionen ihrer Zusammenarbeit und partizipieren gemeinsam am Erfolg des Buches.

Das gesamte Verlagsprogramm von tredition ist bei allen stationären Buchhandlungen und Online-Buchhändlern wie z. B. Amazon erhältlich. e-Books stehen bei den führenden Online-Portalen (z. B. iBookstore von Apple oder Kindle von Amazon) zum Verkauf.

Jetzt ein Buch veröffentlichen: **www.tredition.de**

EINE BUCHREIHE ODER VERLAG GRÜNDEN

Seit 2009 bietet tredition sein Verlagskonzept auch als sogenanntes "White-Label" an. Das bedeutet, dass andere Personen oder Institutionen risikofrei und unkompliziert selbst zum Herausgeber von Büchern und Buchreihen unter eigener Marke werden können. tredition übernimmt dabei das komplette Herstellungs- und Distributionsrisiko.

Zahlreiche Zeitschriften-, Zeitungs- und Buchverlage, Universitäten, Forschungseinrichtungen, u.v.m. nutzen diese Dienstleistung von tredition, um unter eigener Marke ohne Risiko Bücher zu verlegen.

tredition wurde mit mehreren Innovationspreisen ausgezeichnet, u. a. Webfuture Award und Innovationspreis der Buch-Digitale.

tredition ist Mitglied im Börsenverein des Deutschen Buchhandels.

Alle Informationen im Internet: **www.tredition.de/Buchverlage**

Zeitfracht Medien GmbH
Ferdinand-Jühlke-Straße 7
99095 Erfurt, Deutschland
produktsicherheit@kolibri360.de